AF313703

Collection de M. de T...

TABLEAUX MODERNES

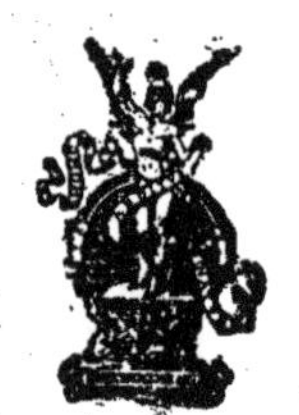

CATALOGUE

DES

Tableaux Modernes

AQUARELLES, PASTELS, GOUACHES
LAVIS

Par

BERCHÈRE, BONVIN, BOUCHÉ, CHAIGNEAU, COLIN (GUSTAVE)

DUFEU, FANTIN-LATOUR, FORAIN, HARPIGNIES, HENNER, JACQUE (CH.), KREYDER

MONTENARD, PIETTE, ROUSSEAU (PH.),

STEVENS (A.), TASSAERT, VEYRASSAT, VINCELET, VOLLON,

WEERTS, ZIEM, ETC.

Composant la Collection de M. de T...

Et dont la Vente aux enchères publiques aura lieu

HOTEL DROUOT, Salle N° 11

Le Mercredi 24 Novembre 1909

à trois heures

COMMISSAIRE-PRISEUR	EXPERT
Mᵉ F. LAIR-DUBREUIL	**M. GEORGES BERNHEIM**
6, rue Favart	9, rue Laffitte

EXPOSITION PUBLIQUE

Le Mardi 23 Novembre 1909, de 2 heures à 6 heures

CONDITIONS DE LA VENTE

Elle sera faite au comptant.

Les adjudicataires paieront *dix pour cent* en sus des enchères.

L'exposition mettant le public à même de se rendre compte de l'état et de la nature des objets, aucune réclamation ne sera admise une fois l'adjudication prononcée.

Paris. — Imp. de l'Art, Cu. Berger, 41, rue de la Victoire.

DÉSIGNATION

TABLEAUX

ALLÈGRE (R.)

1 — *Vue de Venise.*

Signé à droite.

Toile. Haut., 61 cent.; larg., 73 cent. 1/2.

BONVIN

2 — *L'Encrier.*

Signé au milieu.

Panneau. Haut., 30 cent.; larg., 19 cent. 1/2.

BOUCHÉ

3 — *La Grande route.*

Signé à droite.

Panneau. Haut., 34 cent. 1/2; larg., 46 cent.

BOUCHÉ

4 — *La Rentrée des foins.*

Signé à gauche et daté : *1901*.

Panneau. Haut., 35 cent.; larg., 45 cent. 1/2.

BOUCHÉ

5 — *La Chaumière.*

Signé en haut à droite.

Toile. Haut., 27 cent.; larg., 36 cent. 1/2.

CHAIGNEAU (F.)

6 — *Moutons dans la forêt.*

Signé à gauche.

Panneau. Haut., 41 cent.; larg., 33 cent.

COLIN (Gustave)

7 — *La Pêcheuse.*

Signé à gauche.

Toile. Haut., 71 cent.; larg., 41 cent.

COLIN (Gustave)

8 — *Sortie du port.*

Signé à gauche.

Panneau. Haut., 26 cent. 1/2; larg., 34 cent. 1/2.

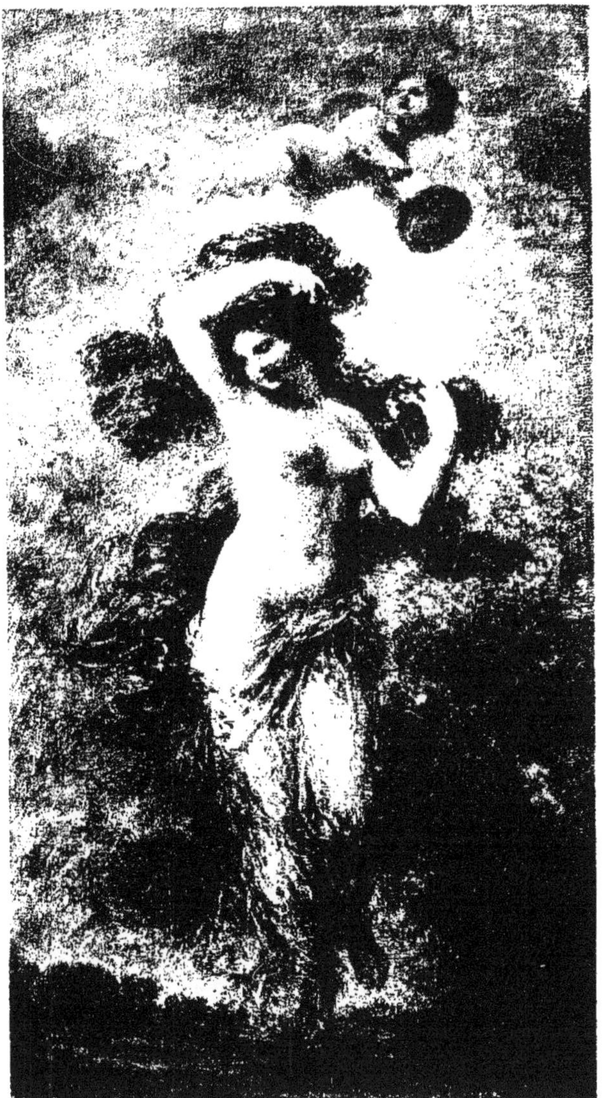

13

Phototypie Berthaud, Paris

DUFEU

9 — *La Soupière d'argent et le Homard.*

Signé à gauche.

Toile. Haut., 65 cent. 1/2 ; larg., 81 cent. 1/2.

DUVIEUX

10 — *Le Port.*

Signé à droite.

Toile. Haut., 41 cent.; larg., 65 cent.

DUVIEUX

11 — *La Place Saint-Marc, à Venise.*

Signé à droite.

Toile. Haut., 46 cent.; larg., 33 cent.

DUVIEUX

12 — *Vue de Venise.*

Signé à gauche.

Panneau. Haut., 46 cent.; larg., 33 cent.

FANTIN-LATOUR

13 — *Terpsychore.*

Signé à droite.

Toile. Haut., 50 cent. 1/2; larg., 27 cent. 1/2.

FORAIN

14 — *Danseuses.*

Signé à droite.

Toile. Haut., 73 cent.; larg., 60 cent. 1/2.

HENNER

15 — *Nymphe couchée.*

Signé à gauche.

Toile. Haut., 37 cent.; larg., 57 cent. 1/2.

JACQUE (Charles)

16 — *Moutons au pâturage.*

Signé à gauche.

Panneau. Haut., 27 cent.; larg., 40 cent.

KREYDER

17 — *Les Groseilles.*

Signé à gauche.

Toile. Haut., 30 cent. 1/2; larg., 63 cent. 1/2.

LE SENECHAL

18 — *Le Port de Lorient.*

Signé à droite et daté : 1876.

Panneau. Haut., 15 cent.; larg., 24 cent.

MASSÉ (J.)

19 — *Le Pâtis de Courtaron.*

    Signé à droite.

        Toile. Haut., 46 cent.; larg., 61 cent. 1/2.

MERY

20 — *Les Rats et le Hanneton.*

    Signé à droite.

        Toile. Haut., 12 cent.; larg., 21 cent. 1/2.

MONTENARD

21 — *En mer.*

    Signé à droite.

        Toile. Haut., 38 cent.; larg., 58 1/2 cent.

PIETTE

22 — *L'Hiver. Effet de neige.*

    Signé à gauche.

        Toile. Haut., 34 cent. 1/2 ; larg., 55 cent.

ROSIER (A.)

23 — *Marée basse au Portel.*

    Signé à droite.

        Toile. Haut , 43 cent.; larg., 73 cent.

ROUSSEAU (Philippe)

24 — *La Brioche.*

Signé à droite.

Toile. Haut., 1 m. 4 cent.; larg., 83 cent. 1/2.

STEVENS (Alfred)

25 — *La Jetée.*

Signé à droite.

Panneau. Haut., 40 cent.; larg., 3o cent. 1/2.

TASSAERT

26 — *Jeune Fille enlevée par les amours.*

Signé à droite et daté : *1858.*

Panneau. Haut., 41 cent.; larg., 32 cent. 1/2.

VEYRASSAT

27 — *Don Quichotte.*

Signé à gauche.

Panneau. Haut., 27 cent.; larg., 41 cent.

VINCELET

28 — *Gerbe de fleurs.*

Signé à droite.

Toile. Haut., 43 cent. 1/2 ; larg., 75 cent.

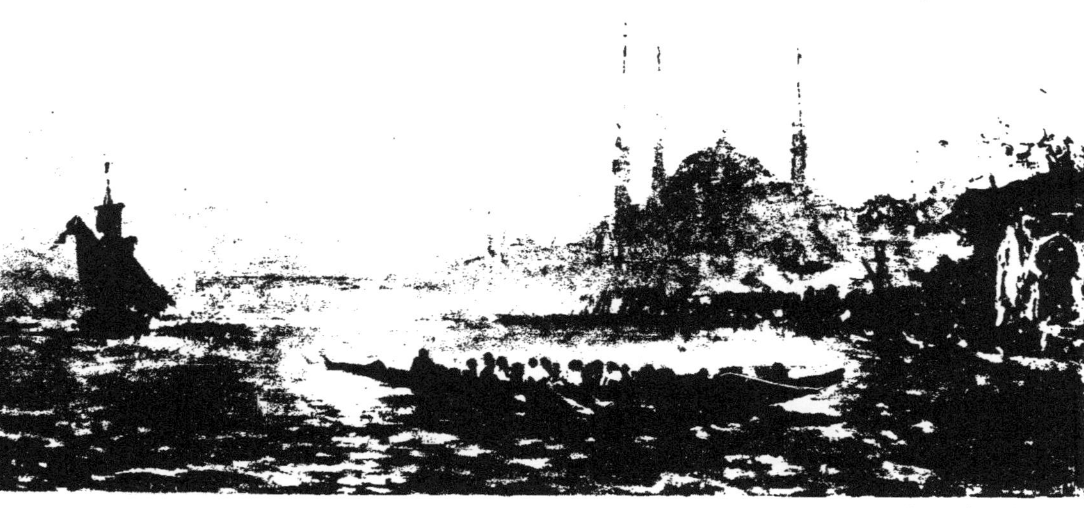

Phototypie Berthaud, Paris

VOLLON

29 — *La Soupière.*

> Signé à droite.
>
> Panneau. Haut., 33 cent.; larg., 24 cent. 1/2.

WEERTS

30 — *Femme en prière.*

> Signé à gauche.
>
> Panneau. Haut., 35 cent. 1/2; larg., 27 cent.

ZIEM

31 — *La Corne d'Or. Constantinople.*

> Signé à droite.
>
> Panneau. Haut., 46 cent.; larg., 70 cent. 1/2.

AQUARELLES, PASTELS

GOUACHES, LAVIS

BAC

32 — *Chansons du Chat-Noir.*

Signé à gauche.

Aquarelle. Haut., 23 cent. 1/2; larg., 16 cent. 1/2

BERCHÈRE

33 — *Une Rue au Caire.*

Signé à gauche.

Aquarelle. Haut., 24 cent.; larg., 15 cent. 1/2.

BARON FINOT

34 — *Chasse à courre.*

Signé à gauche.

Cadre en bois sculpté.

Aquarelle. Haut., 9 cent.; larg., 12 cent.

GUYS (Constantin)

35 — *Sortie de bal.*

Lavis. Haut., 19 cent. 1/2; larg., 27 cent.

HARPIGNIES

36 — *Le Lac.*

Signé à gauche et daté : *1892.*

Lavis. Haut., 15 cent.; larg., 22 cent. 1/2.

PIETTE

37 — *Le Mans.*

Signé à droite et daté : *1868.*

Gouache. Haut., 31 cent. 1/2; larg., 47 cent.

PIETTE

38 — *Le Ruisseau.*

Signé à droite et daté : *1872.*

Gouache. Haut., 22 cent.; larg., 40 cent.

PIETTE

39 — *Vitré.*

Signé à droite et daté : *1873.*

Gouache. Haut., 16 cent.; larg., 36 cent.

PIETTE

40 — *Lisson.*

Signé à gauche et daté : *1870.*

Gouache. Haut., 14 cent. 1/2; larg., 25 cent.

PIETTE

41 — *La Ferme.*

Signé à droite et daté : *1874.*

Gouache. Haut., 11 cent.; larg., 31 cent.

PIETTE

42 — *La Clairière.*

Signé à droite et daté : *1872.*

Gouache. Haut., 14 cent.; larg., 31 cent. 1/2.

TASSAERT

43 — *Portrait de Jeune Fille.*

Signé à gauche.

Pastel ovale. Haut., 55 cent.; larg., 46 cent. 1/2.

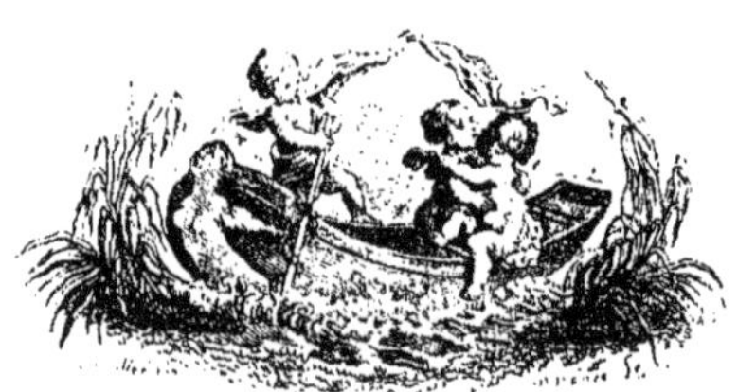